L_n^{27} 13748.

ÉLOGE FUNÈBRE

DE

EDME-CLAUDE MATHEY,

VICAIRE DE BEAUNE, CHANOINE DE NANTES, ET MEMBRE
DE LA LÉGION D'HONNEUR ;

Prononcé le 28 juin 1826 dans l'église de Bourbonne-les-Bains,
par F. OUDOT, curé de Saint-Nicolas de Beaune.

A DIJON,
CHEZ POPELAIN, LIBRAIRE, PLACE SAINT-JEAN.
1826.

AVIS DE L'ÉDITEUR.

La modestie de l'auteur vouloit priver le public d'un ouvrage auquel il a droit; mais une copie m'en ayant été remise, je n'ai pu résister à la tentation de la mettre au jour. Le public sans doute me saura gré de cette infidélité; et l'auteur peut-être me la pardonnera.

La précipitation avec laquelle cet écrit avoit été composé pour la circonstance m'a obligé d'y introduire quelques changemens; ils ne nuiront point au fond et pourront améliorer la forme. Ces légères corrections sont celles que l'auteur lui-même y auroit faites, s'il n'eût été pressé par le temps.

J'aurois voulu pouvoir étendre ce même écrit qui auroit demandé plus de développemens; mais il ne me convenoit, ni de m'approprier l'ouvrage d'autrui, ni de donner le mien sous un autre nom. Et d'ailleurs je sens peut-être trop vivement une perte qui m'est propre, pour chercher des expressions qui puissent répondre à ma douleur.

A Monsieur Mathey, curé de Bourbonne-les-Bains.

Monsieur,

Vous avez daigné entendre ma foible voix, trop indigne de célébrer les vertus d'un prêtre, et le talent d'un orateur, mort entre vos bras, entre les bras d'un frère chéri, d'un frère inconsolable. Daignez encore accepter l'hommage de cet écrit, comme un monument élevé par ma douleur à votre douleur.

Permettez que j'unisse mes sentimens à ceux dont sont pénétrés les habitans de Bourbonne pour leur respectable et affligé pasteur.

Oudot, prêtre.

ÉLOGE FUNÈBRE

DE

EDME-CLAUDE MATHEY,

VICAIRE DE BEAUNE ET CHANOINE DE NANTES.

Dùm zelat zelum legis, receptus est in cœlum.

Tandis qu'il étoit embrasé du zèle de la loi de Dieu, il a été enlevé dans les cieux.

MACHAB. *liv.* 1, *chap.* 2, *v.* 58.

A QUEL triste et lugubre ministère la Providence me fait-elle concourir dans ces jours de deuil, bientôt suivis d'un deuil encore plus grand! Qu'il est douloureux, sur-tout pour une ame que le sentiment pénètre et que la reconnoissance entraîne, de rendre le dernier devoir à l'homme de bien, au prédicateur distingué, au digne ministre que la mort nous enlève! Prêtres vénérables, que je vois entourer cet appareil funèbre, ah! que ne parlez-vous à ma place? Plus versés que moi dans l'habitude de manier la parole et de remuer les cœurs, vous loueriez plus dignement le juste qui vient d'être ravi dans le Ciel : *Receptus est in cœlum*. Mais ce concours de toute une paroisse, entraînée spontanément par l'exemple des autorités civiles et militaires, et venant mêler ses larmes aux larmes d'un Pasteur qui a perdu son frère; cette tristesse et cette consternation répandues sur les visages; ces sanglots entrecoupés qui ont troublé nos prières expiatoires, n'en disent-ils pas assez? Faut-il, ô mon Dieu, que je sois l'interprète de cette douleur? Faut-il que je n'arrive dans ces contrées, que pour coller mes lèvres sur le cercueil qui renferme les dépouilles mortelles de celui que vous pleurez? O Providence! ne semblez-vous pas m'avoir conduit ici pour être témoin du tribut de regrets payé si justement à votre ministre, et pour redire ensuite aux habitans de cette autre patrie (1) qu'il avoit adoptée, qu'il n'a cessé d'instruire et d'édifier durant tant d'années, que les derniers accens de sa voix mourante ont été pour elle, comme les derniers battemens de son cœur ont été pour Dieu?

Hélas! il n'est donc plus ce prêtre vénérable, que sa charité rendit le père des malheureux! Il n'est plus cet orateur puissant en paroles, qui,

---

(1) Beaune.

après cette époque, à jamais déplorable, où la vérité avoit été révoquée en doute, et le Christianisme déchiré en lambeaux ; profitant des talens supérieurs que Dieu lui avoit départis, s'élança, avec le courage du lionceau, dans la carrière qu'il devoit parcourir si glorieusement, dès que le ministère évangélique eut été reconstitué en France.

Tel fut *très vénérable et très digne Prêtre* Edme-Claude MATHEY, Vicaire de Beaune, chanoine de Nantes, et membre de la Légion d'honneur. Si, dans ce jour, je viens jeter quelques fleurs sur sa tombe, je sens toute la témérité de mon entreprise. Qui pourroit faire dignement son éloge ? Pour réussir, il me faudroit cette éloquence mâle, cette élocution élégante, ce débit animé, qu'il déployoit dans la chaire évangélique. Je vais toutefois essayer de vous faire connoître les principaux traits qui ont caractérisé sa vie sacerdotale. Il fut un généreux confesseur de la Foi, durant ces jours lamentables qui virent renverser l'Eglise gallicane. Il fut un intrépide défenseur de la Foi, durant ces jours meilleurs qui en virent relever les ruines. Deux points de vue que je vais envisager rapidement, et pour lesquels je réclame toute votre attention, toute votre indulgence.

*

I.

Quand Dieu veut s'approprier un ministre selon son cœur, il s'en empare dès le berceau, selon la pensée d'un Père de l'Église. Telle fut la prédestination de celui dont nous déplorons la perte. Les vues de Dieu sur lui furent secondées par un heureux naturel, et par les impressions religieuses qu'il reçut dans le sein de la maison paternelle. Aussi avec quelle fidélité ne répondit-il pas à sa vocation ?

Placé au Séminaire de Langres, il devint l'édification de ses condisciples; et ses progrès rapides fixèrent bientôt l'attention de ses supérieurs. Il rencontra, dans cet asyle de la vertu, un de ces hommes rares propres à guider la jeunesse dans les études cléricales : la sagacité pénétrante de ce vénérable vieillard lui fit présager tout ce que le jeune lévite deviendroit un jour. Sans négliger les sciences théologiques, il s'appliqua plus particulièrement à la prédication. Là, par d'heureux essais dans cette partie du ministère, il préluda aux succès qui l'attendoient dans une carrière qu'il a parcourue depuis avec tant de distinction. Né plutôt et dans des temps plus calmes, il eût été le Massillon de son siècle.

Bientôt initié aux ordres sacrés, il débuta dans le Ministère à Fontaine-Française. Mais, peu après, un orage violent, préparé par le démon de l'impiété, vient à s'élever contre l'Église gallicane. On place les ministres du sanctuaire dans l'alternative d'abjurer leur foi, ou de perdre leurs places, de choisir une vie tranquille mais déshonorée, ou bien de se vouer à une existence périlleuse mais honorable. Quelle embarrassante position pour un jeune homme qui pouvoit briller dans le monde, et qui ne faisoit que de paroître sur le théâtre de cette Babylone corrompue ! Croyez-vous qu'il va sacrifier sa conscience à son intérêt, et l'honneur du divin sacerdoce à l'attrait d'une réforme impie ? Non, non, il n'hésite pas un instant ; il préfère la pauvreté, la persécution, l'exil, la mort, à la fortune, à la tranquillité, à la patrie, à l'existence. Il ne veut point, par un serment que sa conscience intime réprouve, que l'Église entière condamne, que le Souverain Pontife frappe d'anathême, rompre la chaîne apostolique qui l'attache à la Chaire de Saint Pierre. Successeur des disciples de Jésus-Christ dans leur apostolat, comme eux il se réjouit de combattre pour la Foi, de souffrir pour la justice, d'abandonner son ame à Dieu, son corps aux méchans, et de sacrifier les biens fragiles du moment pour acquérir les biens solides de l'éternité.

Des circonstances particulières l'ayant retenu en France, il n'eut pas le bonheur de partager les rigueurs de l'exil avec ces prêtres courageux qui fuyoient par bandes en désertant le sol natal, et qui, ayant tout quitté, n'emportoient que leur foi. Ce fut à Beaune qu'il passa le temps de la persécution, recueilli dans une famille où régnoit la piété. Mais, pour se soustraire aux fureurs sanguinaires d'une patrie qui dévoroit alors ses enfans; pour ne point plier sous les décrets d'un gouvernement oppresseur qui demandoit le sacrifice de la conscience; à combien d'autres sacrifices ne dut-il pas se condamner? Heureux de ressembler en quelque point à ces martyrs des temps primitifs de l'Église, leur constance relève son courage; les couronnes qu'ils ont méritées lui donnent l'espoir d'y avoir part; il combat pour le même Dieu; il endure ce qu'ils ont enduré; il peut donc se flatter de parvenir à l'heureuse béatitude dont ils jouissent.

Il avoit beaucoup souffert; il aspiroit à souffrir encore. Animé d'une foi vive, d'une espérance ferme, d'une charité ardente, il trouvoit au sein des tribulations une joie intime, et ces délices que le monde ne peut connoître.

Cependant la maison où il est retiré devient une église domestique; il y célèbre les saints Mystères; il y sert son Dieu en secret, en attendant qu'il puisse le servir publiquement, lorsque l'iniquité sera passée.

Que pouvoit-il de plus, quand l'exercice du culte étoit proscrit, les Prêtres cachés et dispersés? C'est ainsi que, durant ces jours lamentables, il fut un généreux confesseur de la Foi. Ajoutons qu'il en devint un intrépide défenseur, sitôt que des jours meilleurs commencèrent à luire.

II.

Long-temps exilée, la Religion reparut enfin; elle vint s'asseoir et pleurer sur les débris de nos temples renversés. Notre solitaire quitte alors les demeures souterraines et silencieuses qui lui ont servi de refuge; il reparoît avec la Religion (1). M. Pinot, respectable curé de Beaune, rentré de l'émigration, se l'associe. Tous deux mettent la main à l'œuvre, et cherchent à rassembler les débris échappés au naufrage. L'un, par le charme de sa douceur et l'ascendant de son autorité, se concilie l'affection de ses anciens paroissiens; l'autre, par la simplicité de son caractère et l'entraînement de son éloquence, rallume dans les cœurs le feu sacré de la charité prêt à s'éteindre. L'un et l'autre finissent par opérer une révolution morale, dont le résultat est de faire revivre les pratiques religieuses si long-

---

(1) En 1802.

temps abandonnées, et, avec elles, l'esprit du véritable christianisme.

Les malheurs des temps, les dissentions des esprits, le crédit de l'erreur, l'entêtement du schisme, les ravages de l'impiété, avoient presqu'anéanti la Foi dans la France. La ville de Beaune, en cela moins heureuse que la terre de Gessen, n'avoit pas été à couvert de la plaie commune; l'ange exterminateur y avoit passé, comme par-tout, et il y avoit laissé les traces profondes d'un vandalisme destructeur : cette plaie étoit encore saignante. Pour surcroît, le vénérable M. Pinot, trop tard, et pour trop peu de temps, rendu aux vœux de son troupeau, tout-à-coup frappé d'une maladie mortelle, alla recevoir devant Dieu la récompense de ses travaux (1), et laissa veuve cette église qui commençoit à se relever.

Mais son fidèle coopérateur restoit, et il étoit animé de son esprit. Que va-t-il faire ? Il cherche à réunir ceux que le schisme avoit divisés, à ramener dans les familles la paix et la concorde, à rapprocher des époux qu'une loi désastreuse avoit séparés. Avec les armes de la douceur et de la persuasion, il entraîne tout ce qui avoit résisté jusque-là; il ramène tout ce qui

---

(1) Il mourut le 11 septembre 1804, âgé de quarante-huit ans.

avoit encore conservé quelqu'étincelle de raison.

C'est alors sur-tout qu'on le voit, dans la chaire de vérité, déployer les ressources de l'éloquence, émouvoir les esprits, toucher les cœurs. Ceux que la curiosité amène à ses discours, s'en retournent convaincus et pénétrés ; les tribunaux sacrés sont témoins de leur repentir ; la piscine mystérieuse est environnée d'une multitude de malades ; l'ange du Seigneur y descend, il en trouble et agite l'eau ; et tous viennent se purifier dans ces bains salutaires. Bientôt on ne distingue plus ceux qui ont donné dans les erreurs du schisme, de ceux qui ont persévéré dans les principes de la Foi : la conquête de la ville est assurée, Beaune est à Dieu ; la Religion y brille d'un éclat aussi pur qu'avant la persécution : non-seulement la piété s'y maintient ; mais l'accroissement de la piété y est aussi sensible que prompt.

Les fruits d'un zèle aussi intrépide, des services aussi éminens rendus à la Religion, ne restèrent pas dans l'oubli ; la reconnoissance, comme la renommée, les proclame. Alors la réputation du saint prêtre alla toujours croissant ; elle s'étendit dans les deux premières villes de la France. L'orateur ne s'offrit pas lui-même ; il fut demandé. Il prêcha plusieurs carêmes à Paris, à Lyon, à Dijon, à Langres, à Beaune et ailleurs. Il prononça l'oraison funèbre du Roi martyr, et celle du vénérable pasteur M. Pinot. L'une et l'autre furent imprimées. Par-tout son mérite fut goûté; par-tout on sut apprécier dans ses discours l'économie de la composition, l'art de l'exécution, le prestige du débit. Plein de désintéressement, l'homme de Dieu n'ambitionna jamais que la gloire de Dieu; loin de lui cette sordide cupidité qui vicie toutes nos actions, et qui, en leur ôtant un motif éternel, les condamne à périr avec les circonstances qui les ont vu naître.

Si les honneurs et les titres vinrent illustrer sa carrière, il ne les regarda point comme une récompense qu'il méritât, tant il étoit véritablement humble ; il n'y vit qu'un encouragement à mieux faire. Toutefois, la décoration qu'il portoit, ce signe du courage comme de la fidélité, lui étoit due pour son hommage au Roi martyr, et sur-tout pour sa profession de foi à la légitimité. Il aimoit son roi comme son Dieu; dans la majesté de l'un, il vénéroit la vive image de l'autre.

Si maintenant je descendois dans le détail des vertus de sa vie privée, vous les verriez dans un parfait accord avec ses discours. Si cette enceinte pouvoit s'élargir, et envelopper la cité qui fut le théâtre de ses bienfaits, quel spectacle attendrissant s'offriroit à vos regards! Vous verriez toute une population en masse se presser autour de cet appareil de mort, et contempler, pour la dernière fois, celui que tant de fois elle a vu, dans la tribune sacrée, annonçant les vérités du salut : vous verriez ses nombreux amis pleurer l'ami qui faisoit les délices de leur société ; les fidèles gémir sur la perte d'un père spirituel ; et les pauvres s'affliger sur celle d'un bienfaiteur ; toute la ville enfin partager la douleur commune : en un mot, vous verriez un crêpe funèbre étendu sur cette cité désolée. Ainsi Rachel se lamentoit sur la mort de son enfant ; et rien ne pouvoit la consoler, parce qu'il n'étoit plus.

A la vue d'un deuil aussi général, de quel sentiment ne seroit point pénétrée votre ame ! Mais, ô mon Dieu ! quelque terrible que soit le coup dont vous nous frappez, quelque sensible que soit l'événement qui nous consterne, nous ne nous révolterons point contre la main qui nous châtie : celui que nous pleurons nous a trop appris à nous soumettre à votre volonté ; à vous adorer, lors même que vous versez sur nous la coupe de l'affliction.

Quelle affliction en effet pour la cité dont je parlois, quand, par un triste rapprochement, elle rappellera à sa pensée, qu'à deux époques différentes, ont été frappés deux de ses prêtres vénérables, dans des lieux éloignés du théâtre de leurs travaux aspostoliques (1). Le Seigneur vouloit-il donc, en refusant à une église affligée les cendres de ces deux généreux confesseurs de la Foi, lui apprendre que nous ne devons compter sur rien ici-bas ; que tout dépend des desseins cachés d'une Providence adorable ; et que, fixant les destinées de chacun de nous, elle se joue des vains projets des hommes, comme elle se joue aussi de leurs vains efforts pour prolonger une vie dont elle a déjà tari la source? Si nous avons de justes motifs de nous abandonner à la douleur, ah! n'oublions pas que celui qui vient de descendre sous la tombe étoit homme, et que tout homme est condamné à la mort : mais souvenons-nous aussi que la mémoire du juste sera éternelle, et qu'il jouira d'une abondante paix : *Receptus est in cœlum*. L'affliction ne restera que sur la terre.

Reprenez donc vos chants lugubres, que j'ai interrompus, triste Sion, et gémissez sur les dépouilles mortelles de l'époux qui vous a été enlevé. Et vous, prêtre du Seigneur, remontez à l'autel; et, si un reste de fragilité arrêtoit encore, dans

---

(1) M. l'abbé Drouhin, vicaire de Beaune, mort à Lyon, le 26 avril 1820. M. l'abbé Mathey, vicaire de Beaune, mort à Bourbonne-les-Bains le 24 juin 1826, chez M. le curé de Bourbonne, son frère.

le lieu d'expiation, celui que nous pleurons, offrez pour lui l'auguste sacrifice, afin que, parfaitement purifié par le sang précieux de l'Agneau sans tache, il puisse entrer sans délai dans le lieu du rafraîchissement, et qu'il y repose en paix pendant toute l'éternité. *Requiescat in pace!*

DIJON, FRANTIN, IMPRIMEUR DU ROI. 1826.

www.ingramcontent.com/pod-product-compliance
Lightning Source LLC
Chambersburg PA
CBHW071439060426
42450CB00009BA/2251